Ella persistió
en el deporte

Americanas olímpicas
que revolucionaron
el juego

«Nunca subestimes el poder de los sueños y la influencia del espíritu humano . . . El potencial de la grandeza radica en cada uno de nosotros».

«Un campeón o campeona es alguien que se cae de un caballo doce veces y vuelve a subirse otras doce. Las personas que logran el éxito nunca se rinden».

«Es posible que las jóvenes francesas no entendieran la naturaleza del juego . . . y se presentaron a jugar con zapatos de tacón y faldas ajustadas».

«Es importante para mí que la juventud, en todas partes, sin tener en cuenta su raza, religión o sexo, sepa que todo es posible con perseverancia».

«Esa medalla . . . en realidad simboliza mucho más que solo dos semanas de hockey».

«Toda mi vida he soñado en oro».

«Los récords se crean para ser superados».

«Lo que elijas que quieras hacer . . . vale la pena soñar, aspirar a hacer algo y lograrlo».

«No siempre se puede ganar, pero puedes intentarlo».

«La gente decía que las mujeres no podían cruzar a nado el Canal de la Mancha, pero yo les demostré que sí podían».

«Piénsalo, hazlo».

«Durante este viaje, el miedo hace a veces acto de presencia . . . pero no quiero vivir en él; dejo, sí, que me sirva de estímulo».

«Soy toda una mujer, soy fuerte y poderosa, soy, además, bella».

«Cree en ti misma, aunque otros no lo hagan. Eso, de por sí, ya te convierte en ganadora».

«Salir ante el público y dejar patente que lo que hago me ha enseñado quién soy».

«No hay sustituto para el trabajo duro».

Escrito por
Chelsea Clinton

Ilustrado por
Alexandra Boiger

Traducido por
Teresa Mlawer

PHILOMEL BOOKS

Philomel Books
An imprint of Penguin Random House LLC, New York

First published in the United States of America by Philomel,
an imprint of Penguin Random House LLC, 2020.
Text copyright © 2020 by Chelsea Clinton.
Illustrations copyright © 2020 by Alexandra Boiger.
Translation copyright © 2020 by Penguin Random House LLC.
First Spanish language edition, 2020.

Philomel Books is a registered trademark of Penguin Random House LLC.

Visit us online at penguinrandomhouse.com

Library of Congress Cataloging-in-Publication Data is available upon request.

Printed in the United States of America.
ISBN 9780593204788
10 9 8 7 6 5 4 3 2 1

Edited by Jill Santopolo.
Design by Ellice M. Lee.
Text set in ITC Kennerley.
The art was done in watercolor and ink on Fabriano paper, then edited in Photoshop.

Para Charlotte, Aidan, Jasper y todos
los niños y niñas de cualquier lugar con
sueños olímpicos, o simplemente sueños
—C.C.

Para Andrea, con amor —A.B.

No es fácil para una niña llegar a ser atleta. Es muy probable que a las niñas se les diga que los deportes son para los niños. O que nunca serán lo suficientemente buenas, veloces o fuertes, y que su sueño de ser atletas es inadmisible, incluso imposible. No les hagas caso.

Estas mujeres deportistas lograron que sus sueños se convirtieran en realidad.

Ellas persistieron.

A finales de 1800, cuando MARGARET IVES ABBOTT era pequeña, algunas niñas tenían que trabajar y otras, como Margaret, iban a la escuela. Era muy raro que participaran en deportes, pero Margaret jugaba golf. A pesar de que ganó varios torneos locales, no había muchas oportunidades para las niñas de competir en un marco superior. Aun así, **ella persistió** y continuó practicando golf mientras estudiaba y viajaba. Cuando estaba en París en 1900, a Margaret y a su mamá les llegaron noticias de que se iba a celebrar una exhibición deportiva a nivel internacional durante la Feria Mundial. Sin saber que se trataba en realidad de los segundos Juegos Olímpicos de la era moderna, ¡Margaret se apuntó, participó y resultó ganadora! Margaret falleció en 1955 sin saber que fue la primera mujer estadounidense en ser campeona olímpica.

«Es posible que las jóvenes francesas no entendieran la naturaleza del juego . . . y se presentaron a jugar con zapatos de tacón y faldas ajustadas».

Siendo aún pequeña, GERTRUDE EDERLE
perdió parte del sentido del oído debido al sarampión, pero
tanto ella como sus padres tenían claro que nada le impediría
hacer lo que a ella le apasionaba, incluida la natación. Cuando
cumplió veinte años, ya había ganado tres medallas en los
Juegos Olímpicos de 1924 en estilo libre. Poco tiempo después,
tuvo un nuevo sueño: cruzar a nado el Canal de la Mancha.
En su primer intento, fracasó, y su entrenador dijo que
a lo mejor las mujeres no estaban capacitadas para cruzar
el Canal. En vez de hacerle caso, ella persistió y buscó
un nuevo entrenador. Al año siguiente, en 1926, lo logró,
consiguiendo un nuevo récord mundial no superado hasta
pasados más de veinte años.

«La gente decía que las mujeres no podían cruzar a nado el Canal de la Mancha, pero yo les demostré que sí podían».

Cuando era una jovencita, MILDRED «BABE» DIDRIKSON ZAHARIAS trabajó como costurera cosiendo sacos para almacenar cosas como grano, papas o arena, y para una compañía de seguros. Babe podía haber dicho que no tenía tiempo para los deportes, pero **ella persistió** y continuó practicando junto a sus hermanos. Recibió el apodo de «Babe» en honor al famoso jugador de béisbol Babe Ruth, después de conectar cinco jonrones en un partido de béisbol. Su entrenamiento se vio recompensado: en los Juegos Olímpicos de 1932, ganó medallas de oro en jabalina y en los 80 metros obstáculos, y una medalla de plata en salto de altura. Después de su triunfo olímpico, Babe decidió jugar golf, y llegó a ganar diez campeonatos de golf femenino. Es considerada una de las mejores deportistas de la historia.

«No siempre se puede ganar, pero puedes intentarlo».

WILMA RUDOLPH nació prematuramente, pesando apenas 4 libras y 5 onzas; a los cinco años, ya había sobrevivido a una neumonía, a la escarlatina y a la poliomielitis. Esta última le atrofió la pierna y el pie izquierdo, por lo que durante muchos años tuvo que llevar un aparato ortopédico para poder caminar. A pesar de eso, ella persistió convencida de que superaría todo y volvería a caminar, incluso a correr, sin el aparato ortopédico. ¡Y estaba en lo cierto! A los catorce años, ya competía en torneos de campo y pista. En 1956, a los dieciséis años fue la atleta más joven en formar parte del equipo de Estados Unidos que participó en los Juegos Olímpicos. A los veinte años, en los Juegos Olímpicos de 1960 celebrados en Roma, Wilma ganó el oro en los 100 y 200 metros lisos y en los relevos 4 x 100. Fue la primera mujer estadounidense en ganar tres medallas de oro en los mismos Juegos Olímpicos. De regreso a Estados Unidos, Wilma utilizó su fama como plataforma para luchar por los derechos civiles, por la integración en los deportes y en los lugares públicos y para apoyar a las atletas afroamericanas, entre las que se encontraba Florence Griffith Joyner, la siguiente mujer en ganar tres medallas de oro en una misma Olimpiada.

«Nunca subestimes el poder de los sueños
y la influencia del espíritu humano . . .
El potencial de la grandeza radica en cada uno de nosotros».

JEAN DRISCOLL nació con espina bífida, una alteración congénita que se produce cuando la columna vertebral no se forma completamente. Comenzó a practicar deportes en silla de ruedas en la escuela secundaria. Mientras jugaba baloncesto en silla de ruedas en la Universidad de Illinois, descubrió que su verdadera pasión y talento radicaba en las carreras en silla de ruedas. Participó en cuatro Juegos Paralímpicos comenzando en los Juegos Olímpicos de 1988, y ganó doce medallas, entre las que se incluían cinco de oro. Jean también ganó ocho maratones de Boston, más que cualquier otra atleta. Podría haberse dormido en sus logros personales o colectivos, pero **ella persistió** y logró inculcar su amor por los deportes a otros atletas con discapacidades alrededor del mundo, además de ayudar a establecer el primer equipo paralímpico de Ghana.

«Un campeón o campeona es alguien que se cae de
un caballo doce veces y vuelve a subirse otras doce.
Las personas que logran el éxito nunca se rinden».

Cuando **MIA HAMM** y otras mujeres integrantes del equipo de fútbol femenino en los Juegos Olímpicos de 1996 empezaron a practicar este deporte cuando eran pequeñas, no contaban con muchas personas que les pudieran servir de ejemplo. En aquella época, en Estados Unidos, el fútbol no era tan popular, y la atención estaba puesta principalmente en el equipo nacional masculino. Mia Hamm, Carla Overbeck, Julie Foudy, Kristine Lilly, Brandi Chastain, Briana Scurry y otras jugadoras de su equipo pudieron haberse dado por vencidas, pero **ellas persistieron**. Viajaron por todo Estados Unidos y el mundo, y demostraron que las mujeres estadounidenses podían ganar. Obtuvieron una medalla de oro en los Juegos Olímpicos de Atlanta en 1996, donde por primera vez se incluyó la participación de las mujeres futbolistas, y pocos años después la Copa Mundial de Fútbol Femenino. Mia y sus compañeras

dejaron claro que las mujeres estadounidenses podían jugar fútbol y ganar. El fútbol es ahora uno de los deportes más populares entre las niñas en Estados Unidos.

«No hay sustituto para el trabajo duro» (Mia Hamm).

KRISTI YAMAGUCHI nació con pies equino varo y tuvo que llevar escayola para enderezarlos. Cuando tenía seis años, Kristi vio a su hermana mayor hacer patinaje artístico sobre hielo y ella también quiso practicarlo. Sus padres apoyaron su idea como una manera de terapia física para sus pies. Aunque su hermana finalmente dejó de patinar, **ella persistió** entrenándose cada vez más y más en el hielo. Siendo jovencita ganó medallas en patinaje individual y en parejas. Los Juegos Olímpicos de 1992 se acercaban, y Kristi decidió concentrarse en el patinaje individual, lo cual fue una buena decisión. Ganó el oro en los Juegos Olímpicos de 1992 y el Campeonato Mundial el mismo año.

«Lo que elijas que quieras hacer . . . vale la pena soñar, aspirar a hacer algo y lograrlo».

Juntas, las hermanas estrellas del tenis VENUS y SERENA WILLIAMS han ganado catorce títulos en la categoría de dobles en cuatro torneos Grand Slam y tres medallas de oro comenzando con los Juegos Olímpicos de Verano del 2000. Son de los equipos de dobles más exitosos de todos los tiempos. En sus carreras individuales, Venus ha ganado siete Grand Slam y Serena, veintitrés; también lograron oros individuales en dos Juegos Olímpicos diferentes. En el transcurso de sus carreras, las hermanas Williams han tenido que enfrentarse al vil racismo y a la discriminación sexual, algo que nunca las detuvo. **Ellas persistieron** en la práctica profesional del deporte que amaban y han ayudado a definir lo que el tenis significa para niños y niñas en todas partes.

«Cree en ti misma, aunque otros no lo hagan. Eso, de por sí, ya te convierte en ganadora» (Venus Williams).

«Soy toda una mujer, soy fuerte y poderosa; soy, además, bella» (Serena Williams).

Antes de graduarse de la universidad, tanto MISTY MAY·TREANOR como KERRI WALSH JENNINGS ya habían jugado y ganado múltiples campeonatos de voleibol. Luego cambiaron su enfoque y comenzaron a jugar voleibol de playa femenino; empezaron a hacerlo en pareja y dominaron el deporte. En los Juegos Olímpicos del 2004 y del 2008, ganaron medallas de oro, pero después de que Kerri diera a luz a dos niños en menos de un año, muchos se preguntaron si volverían a jugar juntas. **Ellas persistieron** y continuaron jugando en pareja. En las Olimpiadas del 2012, mientras Kerri estaba esperando su tercer hijo, ella y Misty ganaron de nuevo, demostrándole al mundo que las madres podían también ganar medallas de oro.

«Toda mi vida he soñado en oro»
(Misty May-Treanor).

«Durante este viaje, el miedo hace a veces
acto de presencia . . . , pero no quiero vivir
en él; dejo, sí, que me sirva de estímulo»
(Kerri Walsh Jennings).

A finales de 1980, cuando DIANA TAURASI comenzó a jugar baloncesto siendo aún una niña, el baloncesto profesional femenino no existía en Estados Unidos, y el baloncesto femenino era un deporte olímpico relativamente nuevo (a pesar de que los hombres habían participado desde 1936). En vez de desanimarse por la falta de oportunidades, **ella persistió** y continuó practicando arduamente en la cancha. En la universidad condujo a su equipo a la victoria en tres campeonatos seguidos. A partir de los Juegos Olímpicos de Verano del 2004, Diana llegó a ganar cuatro medallas de oro con el equipo femenino de baloncesto de Estados Unidos y tres campeonatos de la WNBA con el Phoenix Mercury. Es la máxima anotadora en la historia de la WNBA.

«Los récords se crean
para ser superados».

Cuando

SIMONE BILES

tenía seis años, ella y su hermana fueron adoptadas por sus abuelos. Ese mismo año, durante una visita escolar a un gimnasio local, Simone comenzó a imitar lo que hacían las gimnastas. Llamó la atención de uno de los entrenadores, quien pidió permiso a sus abuelos para que se incorporara al programa. Así lo hizo, y **ella persistió** y se sumergió de lleno en el mundo de la gimnasia. Fue la primera gimnasta estadounidense en ganar una medalla en todas las modalidades. Se ha distinguido por sus complicados ejercicios en competiciones internacionales, muchos de los cuales reciben su nombre. En los Juegos Olímpicos de Verano del 2016, Simone ganó cuatro medallas de oro y una de bronce. A lo largo de su carrera, ha ganado más de 20 medallas en Juegos Olímpicos y campeonatos mundiales. Está considerada la mejor gimnasta de todos los tiempos.

«Salir ante el público
y dejar patente que
lo que hago me ha
enseñado quién soy».

Los padres de IBTIHAJ MUHAMMAD querían que su hija pudiera jugar y destacar en un deporte donde pudiera competir usando hiyab, o velo islámico, para cubrir su cabeza. A los trece años, Ibtihaj comenzó a entrenar en el deporte de esgrima. Algunas personas dudaban de que pudiera triunfar, pues se preguntaban si una persona que usaba hiyab podría llegar a ser campeona. Ella persistió y les demostró a los incrédulos que estaban equivocados. En la universidad fue elegida deportista All-American, y consiguió hacerse un lugar en el equipo nacional de esgrima de Estados Unidos. En los Juegos Olímpicos de Verano del 2016, Ibtihaj hizo historia al ser la primera musulmana estadounidense en usar un hiyab y ganar una medalla olímpica. Continuó rompiendo estereotipos cuando ayudó a diseñar la primera muñeca Barbie con hiyab sirviendo ella como modelo.

«Es importante para mí que la juventud, en todas partes, sin tener en cuenta su raza, religión o sexo, sepa que todo es posible con perseverancia».

Los hermanos Lamoureux crecieron en Dakota del Norte jugando hockey, incluyendo a las dos más pequeñas, las gemelas JOCELYNE y MONIQUE LAMOUREUX. Cuando tenían doce años, las hermanas entraron en el equipo local de chicos. Aunque eran las únicas niñas, **ellas persistieron** y lograron que su equipo ganara el campeonato estatal. Ambas fueron estrellas del hockey femenino en la secundaria y en la universidad, y formaron parte de la selección femenina de Estados Unidos en los Juegos Olímpicos del 2010 y 2014, ganando la medalla de plata en ambas convocatorias. Las cosas cambiaron en los Juegos Olímpicos de Invierno del 2018 en PyeongChang. En la final, Monique anotó un gol que dio lugar a la prórroga. El partido se decidiría en una serie de tiros desde la línea de penalti. Jocelyn anotó el gol ganador, y las hermanas ayudaron al equipo femenino de hockey de Estados Unidos a ganar su primera medalla de oro en veinte años.

«Esa medalla . . . en realidad

simboliza mucho más que

solo dos semanas de hockey»

(Jocelyne Lamoureux).

«Piénsalo, hazlo . . . »

(Monique Lamoureux).

Si alguien te dice que las niñas no pueden llegar

a nada en el deporte o que no pueden triunfar,

no lo escuches. Concéntrate en tus sueños.

Estas mujeres así lo hicieron.

Ellas persistieron, y tú puedes hacerlo también.